ADOLPHE FABRE

par Savigné

ADOLPHE FABRE

E.-J. SAVIGNÉ

—

ADOLPHE FABRE

Notice Biographique

VIENNE

OGERET & MARTIN, IMPRIMEURS-ÉDITEURS

13, *Place de l'Hôtel-de-Ville*, 13

—

1899

*Le nom d'Adolphe Fabre a été donné,
par la Municipalité, à l'ancienne Rue de la
Poste, située dans le quartier de la Porte-de-
Lyon, entre les immeubles L'Huillier-Manin
et Louis L'Huillier.*

ADOLPHE FABRE

M. Louis-Adolphe Fabre est né à Assieu, arrondissement de Vienne, le 31 août 1819 ; sa famille a exercé le notariat dans cette commune pendant près d'un siècle, et l'administration municipale a été confiée à son père et à son frère pendant près de 60 ans.

Après de brillantes études au collège de Vienne et au lycée de Lyon, M. Fabre fit son droit à Paris ; rentré dans sa famille, il devint avoué à Vienne, et resta en exercice pendant 10 ans.

Il s'occupa aussi de l'administration municipale, devint adjoint au maire de Vienne, et ne cessa de s'intéresser à tout ce qui touchait à notre cité, où il avait de nombreuses sympathies et de sincères amitiés.

Dans ses loisirs, M. Fabre s'occupait de travaux littéraires et historiques ; il eut des relations constantes avec le célèbre historien dauphinois, Alfred de Terrebasse ; une étroite amitié l'unit à notre gracieux et charmant poète, Charles Reynaud ; il était l'ami intime de notre illustre compatriote, François Ponsard.

En 1856, M. Fabre fit paraître une importante publication intitulée : *Etudes historiques sur les Clercs de la Bazoche* (1 vol. in-8°), qui le mit en évidence d'une façon toute particulière et lui valut une médaille d'or de l'Académie des Inscriptions et Belles-Lettres, au concours des antiquités nationales de 1857.

C'est à ce moment que l'attention fut appelée sur lui, et que M. le Garde des Sceaux n'hésita pas à le nommer d'emblée président du Tribunal civil d'Embrun.

L'annexion de la Savoie arrivant, on chercha un magistrat actif, rompu aux affaires, ayant l'expérience et l'autorité nécessaires pour appliquer, dans ce nouveau pays, d'une façon efficace et pratique, la législation française.

M. Fabre fut choisi pour ce rude et difficile labeur : pendant quatre ans, il se mit à l'œuvre, et parvint, avec un tact exceptionnel, sans aucun froissement, à faire fonctionner au Tribunal de Chambéry, les rouages si complexes de l'organisation judiciaire.

C'est à ce moment que M. Fabre fut nommé chevalier de la Légion d'honneur.

Pour le récompenser de ses nombreux services, il fut ensuite appelé à l'importante présidence du Tribunal civil de St-Etienne, où, pendant 19 ans, il ne cessa de donner des preuves incontestables de son esprit de justice et de sa haute capacité.

La nouvelle loi sur la magistrature couronna sa carrière : il fut nommé conseiller à la Cour de Lyon.

M. Fabre aurait pu obtenir toutes les distinctions honorifiques ; il n'a accepté que celles qui sont venues à lui : chevalier de la Légion d'honneur comme magistrat, il devint officier de la Couronne d'Italie, après sa publication du *Trésor de la Chapelle de Savoie*, et son concours au lycée de St-Etienne le fit nommer officier de l'Instruction publique ; il appartenait aussi à diverses académies et sociétés savantes.

Comme écrivain, M. Fabre a marqué dignement sa place ; s'il ne nous est pas possible d'apprécier son œuvre d'une façon complète, nous pouvons, néanmoins, signaler son importance par la nomenclature de ses publications. Les voici par ordre de date :

1. *Obsèques de Charles Reynaud.* Vienne, Timon frères,

1853, broch. in-16. — II. *Documents historiques, littéraires et biographiques sur Charles Reynaud, suivi de ses
œuvres inédites*. Vienne, Timon frères, 1854, un vol.
in-16. — III. *Etudes historiques sur les Clercs de la
Baçoche, suivies des pièces justificatives*. Vienne, Timon
frères, 1856, un vol. in-8. Cet ouvrage a obtenu une
médaille d'or de l'Académie des Inscriptions et Belles-
Lettres, au concours des antiquités nationales de 1857.
2° édition, sous le titre de *Clercs du Palais*, Vienne,
Savigné, imprimeur ; Lyon, Scheuring, éditeur, 1875. —
IV. *Notice historique sur le premier parcellaire de
Vienne* (1634-1667). Vienne, J. Timon, 1857, broch.
in-18. — V. *Une séance académique à Embrun*. Grenoble,
Maisonville, 1859, broch. in-16. — VI. *Recherches historiques sur le pélerinage des rois de France à Notre-Dame
d'Embrun*, Grenoble, Maisonville et Jourdan, 1860, un
vol. in-8 (2 éditions). Cet ouvrage contient, comme intro-
duction, la notice suivante : 2 édit.). — VII. *Notice
bibliographique et littéraire sur Marcellin Fornier, historien de l'embrunois*, in-8, 64 pp. — VIII. *Etude sur la
littérature judiciaire du XII° au XVII° siècle*. Chambéry,
Puthod fils, 1863, br. in-8. — IX. *Trésor de la Chapelle
des ducs de Savoie aux XV° et XVI° siècles. Etude historique et archéologique*. Vienne, Savigné, 1868, un vol.
in-4. Cet ouvrage non livré au commerce n'a été tiré qu'à
un très petit nombre d'exemplaires et sur papier vergé
teinté. C'est un des plus beaux spécimens de la typographie
viennoise, 2° édition. Vienne, Savigné, imprimeur ; Lyon,
Scheuring, éditeur, 1875. — X. *Discours prononcé à la
distribution des prix du lycée de St-Etienne. le 10 août
1869*. Vienne, Savigné, 1869, broch. in-8. — XI. *Discours
prononcé sur la tombe d'Alfred de Terrebasse, historien
dauphinois*. Vienne, Savigné, 1878, broch. in-8. — XII.
*Romans et chansons de gestes sur Gérard de Roussillon.
Etude historique et littéraire*. Vienne, Savigné, 1873, br.
in-8· (3 édition). — XIII. *Notice historique sur Alfred de*

Terrebasse. Sa vie et ses écrits. Vienne, Savigné, 1873, un vol. in-8· — XIV. *Le chemin de Vimaine à Vienne (Dauphiné). Notice historique et critique sur l'étymologie de ce nom.* Vienne, Savigné, 1873, broch. in-8· — XV. *Notice historique et biographique sur Charles Reynaud.* Vienne, Savigné, 1877, broch. in-8·. — XVI. *Les Clercs du Palais, la farce du cry de la Baʒoche, les légistes poètes, les complaintes et épitaphes du roy de la Baʒoche.* Vienne, Savigné, 1882, broch. in-8·.

M. Fabre est décédé à Orliénas, chez son gendre, M. Dumarest, ancien magistrat, au mois d'août 1886, à l'âge de 67 ans.

Ses obsèques ont eu un caractère imposant ; non seulement la population locale, mais aussi de nombreux amis et invités, venus de tous les points de la région, avaient voulu rendre les derniers devoirs à notre éminent compatriote.

La Cour de Lyon était représentée par un Président de Chambre et six Conseillers en robe rouge ; les avocats et les avoués de la Cour assistaient aussi en robe ; des magistrats et des membres du barreau de Saint-Etienne avaient tenu à honneur de représenter leur tribunal.

Un avocat du barreau de cette ville a prononcé sur la tombe quelques paroles d'adieu.

Nous ne voudrions pas exalter outre mesure le mérite de notre compatriote ; mais nous ne serons démenti par personne en disant que M. Fabre était d'un abord sympathique, d'une bienveillance peu ordinaire, que jamais l'infortune ne frappa en vain à sa porte, qu'il avait un esprit éclairé, droit, libéral, que la ville de Vienne peut être fière de le placer au nombre de ses meilleurs enfants, et qu'il laissera le souvenir d'un magistrat intègre, compétent, d'un homme de bien et d'un grand cœur.

Vienne, imp. OGERET & MARTIN, 13, place de l'Hôtel-de-Ville

www.ingramcontent.com/pod-product-compliance
Ingram Content Group UK Ltd.
Pitfield, Milton Keynes, MK11 3LW, UK
UKHW022257070726
13613UKWH00005B/2344